ÉLOGE

DE

M. MARIE

PARIS. — IMPRIMERIE RENOU ET MAULDE, RUE DE RIVOLI, 144

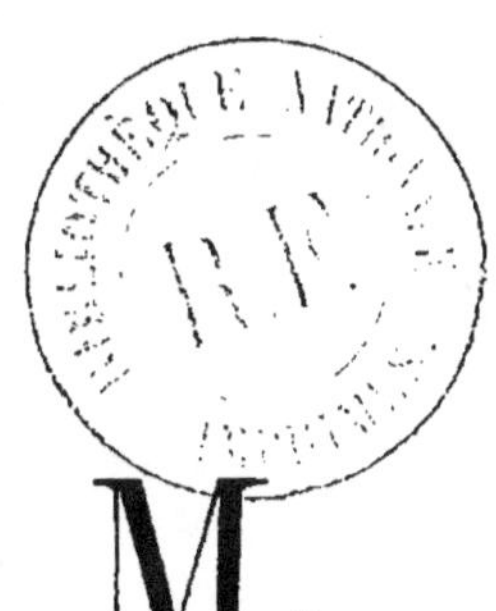

ÉLOGE

DE

M. MARIE

DISCOURS

PRONONCÉ A LA CONFÉRENCE DES AVOCATS

LE 23 DÉCEMBRE 1871

PAR

Marcel REBOUL

Avocat à la Cour d'appel.

Imprimé aux frais de l'Ordre

PARIS

TYPOGRAPHIE ET LITHOGRAPHIE RENOU ET MAULDE

144, RUE DE RIVOLI, 144

1872

Je dois remercier ici M. E. Marie de l'empressement qu'il a mis à me communiquer les notes manuscrites laissées en sa possession par son père.

ÉLOGE

DE

M. MARIE

—❧◇❧—

Monsieur le Batonnier,

Messieurs et chers Confrères,

Il y a deux ans, dans cette enceinte, vous entendiez l'éloge de Berryer, une parole élégante faisait revivre devant vous cette gloire de la France, le grand orateur vous apparaissait à la barre, à la tribune, et vous applaudissiez au récit de ses luttes, je veux dire de ses triomphes.

Il en était un parmi vous, Messieurs, un de nos anciens qui ne contenait que malaisément l'émotion de son cœur. Recueilli, troublé, il paraissait suivre par la pensée toutes les heures de la vie dont on nous disait l'histoire. Je le vois encore, assis auprès du bâtonnier, je vois sa figure sévère, presque rude au premier aspect, mais qui s'éclairait bientôt de ce sourire exquis et bon où se révélait toute la sérénité de son âme; je vois son long regard s'enflammant d'un brusque éclair, ou bien, semblant chercher par delà les mystères de la mort l'ombre de Berryer. Parfois, d'un signe de tête, d'un geste il attestait les faits rappelés par l'orateur.

C'est qu'en effet la vie de Berryer celui-là l'avait vécue !

Celui-là, c'était M. Marie, dont l'éloge devait, hélas ! suivre de si près celui de son illustre ami.

Marie, une de nos gloires, une des gloires du parti républicain, Marie, le modèle des vertus professionnelles, le modèle de la fidélité aux convictions, le champion résolu de la défense du droit et de la liberté.

Marie et Berryer, deux grands noms que j'ai voulu rapprocher et confondre au commencement de ce discours; deux grands citoyens, l'un soldat du peuple, l'autre soldat du roi, toujours unis cependant pour travailler à la prospérité et à la grandeur de la patrie !

M. Marie est de ces hommes dont on a raison de dire que « leurs seules actions les peuvent louer (1); »

____

(1) Bossuet, *Oraison funèbre du prince de Condé.*

toute louange, en effet, va languissante auprès de certains noms, et il est heureux pour moi, que le récit de telles vies se puisse passer d'éloquence. Donc, c'est vous entretenir dignement que de vous rappeler les aspirations, les croyances et aussi les déchirantes angoisses de cette âme d'élite, que d'évoquer devant vous « ces cinquante années, comme on l'a dit, de « commerce intime avec la probité et l'éloquence (1).»

Marie (Alexandre-Thomas) est né à Auxerre, le 15 février 1797. Son enfance et son adolescence tout entières s'écoulèrent dans le vieux collége de cette ville. Il voulut y demeurer jusqu'à l'achèvement de ses études, n'ayant point hâte d'entrer dans la vie, pleurant même, comme il n'arrive guères, ce temps trop vite passé « où tout est espoir, tout est confiance, ce « temps des généreuses illusions, des amitiés vraies « et désintéressées (2). »

On comprend ces regrets du jeune homme : M. Marie n'entrevoyait pas un avenir facile. Il laissait derrière lui la maison paternelle déserte; il n'avait plus « pour lui frayer le chemin et lui en épargner « les aspérités ceux que la Providence avait au « seuil de la vie placés à ses côtés (3). »

(1) M. le premier président Gilardin.
(2) M. Marie. — Discours prononcé au banquet des anciens élèves du collége d'Auxerre en 1845.
(3) M. Marie. — Même Discours.

Mais le malheur avait, en le frappant, trempé ce jeune cœur. M. Marie partait résolu, sachant que les débuts seraient pénibles, ne s'en effrayant pas et comptant sur lui seul pour devenir un homme.

Notre ordre l'avait séduit par son prestige; il voulait y entrer. « Ces hautes pensées (pour emprunter « ses paroles) qui, dans tous les temps de notre his- « toire, ont animé et grandi les hommes illustres » que nous sommes fiers de compter parmi nos devanciers, « le sentiment profond du droit et du devoir, « dont ils ont su développer la puissance, qu'ils ont « porté haut et ferme, et qu'ils ont fait triompher « dans les conseils des rois, comme dans les conseils « des peuples, contre les colères de ceux-ci et contre « les ambitions de ceux-là, » avaient enflammé son âme, il avait songé « qu'au barreau il était donné à « tout homme de cœur de s'honorer en marchant « vaillamment dans les nobles voies ouvertes ainsi « à son courage (1). » Il avait même conçu pour notre profession une admiration et un respect tels qu'il regarda comme une impiété d'aborder la barre avant de s'être, par des études approfondies de toutes sortes, rendu digne de porter la robe de l'avocat. Aussi prit-il pour arriver le chemin le plus long, travaillant sans repos, s'occupant de philosophie, de littérature, de science, disciple assidu de Laromiguière, de Guizot, de Cousin, estimant que les heures qu'il

____

(1) M. Marie. — 27 décembre 1869.

pouvait dérober à l'étude du droit étaient mieux em-
ployées à la Sorbonne que chez un avoué. De là, Messieurs, cette originalité de style, cette façon de con-
cevoir grandement les choses, qui ont marqué le talent de M. Marie et ont, dès ses débuts, attiré l'attention
du monde judiciaire sur ce jeune homme qui apportait
aux affaires un esprit élevé, déjà sûr, maître de lui,
et introduisait, avec les formes un peu apprêtées de
l'époque, la philosophie au Palais.

C'est en 1819 que M. Marie prêta serment.

Peu de temps après son admission au stage s'ouvrit à la Faculté de droit de Paris un concours pour
une chaire de professeur suppléant. De pressantes
exhortations le décidèrent à y prendre part et à se
vouer à l'enseignement du droit. C'étaient là, du reste,
des fonctions qui convenaient merveilleusement à son
caractère; le droit avait été une de ses études fa-
vorites, et l'affection, l'estime que M. Marie savait lui
être accordées par ses futurs collègues adoucissaient
un peu les regrets qu'il éprouvait à abandonner si
tôt la vie du Palais. Peu s'en fallut que le barreau
ne le perdît à cette époque; ses épreuves brillantes
semblaient lui assurer le premier rang; la faveur
l'emporta sur le mérite, et M. Marie revint au barreau pour ne plus le quitter, honoré dans sa défaite
du titre de docteur, dont ses juges avaient tenu à lui
conférer le diplôme, et tout disposé à se consoler de
son échec en la compagnie de MM. Dupin aîné et

*P*ersil qui avaient, quelques années auparavant, subi un pareil sort. A partir de ce moment, il trouva l'occasion d'appliquer chaque jour ses connaissances théoriques. Déjà il n'était plus un inconnu, et ses premiers succès faisaient pressentir ceux plus grands encore que l'avenir lui réservait. Ne croyez pas cependant, Messieurs, que les débuts fussent alors plus faciles qu'ils ne sont aujourd'hui. Non-seulement notre ordre comptait, comme il a toujours compté, de nombreuses illustrations, mais les hommes de ce temps avaient conservé de l'épopée prodigieuse à laquelle ils avaient assisté un caractère de puissance qu'on ne trouverait point aussi accusé à d'autres époques.

Ces événements avaient laissé dans l'esprit de M. Marie une impression profonde. Le souvenir des victoires et de la splendeur de l'empire n'éveillait en lui aucun enthousiasme; ce qu'il se rappelait surtout de ce temps, c'étaient les larmes qu'il avait vues couler, les imprécations qu'il avait entendues, c'étaient les deuils immenses qui suivaient les conquêtes, et, après ce fracas de triomphes éphémères, l'humiliation et l'agonie de la patrie. Il avait assisté, sans regret, à la chute de l'homme devant lequel la France s'était si longtemps courbée, et au retour du roi Louis XVIII.

Puis entendant, pour la première fois, revendiquer les droits du peuple, il fut frappé et demeura dans une sorte de surprise inquiète. C'est alors qu'il entreprit de rechercher les causes du mouvement et la source de ces grandes idées qui venaient de bouleverser le monde ; son goût naturel de la justice, ses travaux, ses études devaient l'amener à s'incliner devant la rigueur et la majesté des principes de 1789, lorsqu'éclata la Révolution de 1830. Ce jour-là il sentit passer dans l'air le souffle qui, quarante années plus tôt, avait agité toute la France et enfanté des prodiges ; ce jour-là il fit le serment de consacrer toute sa vie au triomphe de sa foi politique.

Comme les cœurs battaient en 1830 ! Quel feu, quel élan dans toutes les âmes ! C'étaient bien les enfants de la grande Révolution qui se retrouvaient debout ! Il s'éleva du sein du peuple une immense acclamation, quand fut déployé le drapeau des armées républicaines. On revoyait dans ses plis toute l'histoire héroïque qui avait étonné le monde ; c'était la France qui allait prendre son rang à la tête des nations ; c'était le règne de la liberté qui allait renaître.

L'heure n'en était point encore venue. L'avenir devait douloureusement trahir toutes ces espérances, et d'amères déceptions étouffer bientôt des illusions hâtives. Trois règnes en l'espace de quarante ans vont se succéder : une monarchie parlementaire, une république, un empire ; et ces quarante années passées, nous ne serons entourés que de ruines. Ce peuple brave, industrieux entre tous, n'aura rien édifié, et ne pourra, comme suprême consolation, que vivre du souvenir de sa splendeur passée. Sans avoir perdu ni son activité, ni son courage, ni sa noblesse, il n'aura rien su fonder de durable; il n'aura marché un instant en avant que pour revenir brusquement en arrière. Est-ce donc là notre triste destinée? Ou bien est-ce encore que toutes ces brillantes qualités ne sont que vanité, mensonge et orgueil? Est-ce donc que, descendants dégénérés, nous succombons sous le poids de l'œuvre inachevée que nous ont léguée nos pères?

Je m'arrête, Messieurs, de pareilles pensées sont indignes de notre pays; et douter aujourd'hui de la France, c'est plus qu'une faute, c'est un crime.

Le doute est plus coupable encore, lorsqu'il vient se mêler à l'éloge d'un homme qui ne le laissa jamais pénétrer dans son cœur, qui, sur les ruines amoncelées, salua et montra aux courages ébranlés le progrès poursuivant toujours sa marche, qui parmi toutes ces tempêtes n'eut pas un jour de découragement, une heure de défaillance.

D'où vient cette foi si robuste et si vaillante? M. Marie va nous le dire.

Tous nos malheurs doivent être, selon lui, attribués à deux causes : à l'égoïsme engendré par un trop grand accroissement de la fortune, et à ces luttes impies nées de la peur et de l'ambition qui ont toujours ralenti et parfois arrêté dans sa marche le dévelop-

pement de cette puissance irrésistible, la Démocratie.
Et quand il parle de démocratie, aucune erreur n'est
possible avec lui, c'est république qu'il entend dire.
La nécessité du gouvernement républicain, c'est
pour M. Marie une vérité qui ressort non-seulement
de la philosophie, mais de l'histoire.

Il n'y a pas encore un siècle que la démocratie s'est
levée en France dans toute sa majesté, et pourtant
l'élément démocratique ne date pas seulement de 1789.
M. Marie le voit « depuis longtemps dans la vie des
« peuples, cherchant à se dégager, à se saisir, mar-
« quant partout les champs de bataille de ses protes-
« tations, de ses révoltes, et jetant parfois à travers
« les âges de ces cris sublimes qui ne sont pas encore
« des triomphes, mais des prophéties. Même dans ce
« lit étroit que les rois, les aristocraties lui ont creusé,
« il est un fleuve, ou plutôt il est le fleuve éternel
« qui par ordre divin absorbera tous les confluents.

« Qu'on ne s'y trompe pas, il n'y a pas en 1789 une
« révolte de partis, une révolution de palais, il y a
« l'enfantement des siècles qui en politique sépare la
« civilisation moderne de la civilisation ancienne (1). »

Et ce qui montre bien, aux yeux de M. Marie, la
force et la vitalité de la démocratie, c'est qu'elle survit à tout, aux calomnies et aux persécutions dont
elle est la victime depuis son apparition dans le

(1) M. Marie. — Notes.

monde, c'est qu'elle survit même à ses fautes, à ses excès, à ses violences, aux crimes commis en son nom.

J'ai parlé de persécutions ; elles ne lui ont point été épargnées en effet. Tous les gouvernements qui se sont succédé depuis le commencement de ce siècle, se sont l'un après l'autre appliqués à l'anéantir ; pour y parvenir, rien n'a été négligé, et il n'est aucun moyen auquel ils n'aient eu recours.

Le premier Empire, en créant une aristocratie et en ressuscitant les formes et les usages de l'ancienne monarchie, a cherché d'abord à faire oublier cette puissance née de la veille ; il n'y a point réussi ; il l'a alors combattue partout, de toutes façons et sans plus de succès. En 1815, elle reparaît vivante et elle eût, selon M. Marie, triomphé du droit divin, si elle eût été aux prises avec lui seul.

A ses débuts la Restauration put nier les principes nouveaux ; il lui fallut reconnaître à un corps élu le droit de faire la loi ; bientôt même effrayé des clameurs qu'il entendait, son gouvernement entra dans des voies plus libérales. Dans un jour de folie ou d'orgueil il voulut revenir en arrière, reprendre les concessions qu'il avait consenties ; ce jour-là il disparaissait. « Et le principe démocratique se posait de nou« veau clairement, demandant une alliance sincère « avec le principe monarchique (1). »

(1) M. Marie. — Notes.

Louis-Philippe accepta une souveraineté amoindrie, renfermée dans des limites assez étroites pour être promptement réfrénée dans ses empiétements; mais le jeu même des institutions monarchiques devait fatalement l'entraîner dans une politique de réaction; comme Charles X, il tenta de résister aux aspirations du pays; comme Charles X il fut emporté en trois jours, et la démocratie, repoussant cette fois et transactions et transitions politiques, reprit possession d'elle-même. — La République de 1848 proclama la souveraineté populaire.

Mais les divisions, les folles terreurs et les haines réveillèrent bientôt l'ambition des différentes dynasties qui tour à tour avaient dominé en France; la victoire alla au plus audacieux, et la monarchie reprit le dessus. Elle se fit cependant pour triompher humble jusqu'à l'avilissement devant la souveraineté populaire, prétendit hypocritement la restaurer dans son intégrité, et consentir à saluer jusqu'à terre le Dieu proclamé, pour s'en faire en réalité le ministre absolu et arbitraire.

De ce dernier règne, Messieurs, dont M. Marie ne devait pas connaître la fin, je ne veux rien dire. Nous en avons trop souffert pour en parler sans passion.

Mais je me souviens que, l'an du Seigneur 1355, un doge de Venise qui avait trahi son serment et son pays, entendit maudire le jour où il était devenu le maître de cette fière république; je me souviens que

3

ses palais et ses fiefs furent confisqués, que son nom
fut rayé du Livre d'or, et que dans la salle du grand
conseil son image recouverte d'un voile de deuil fut
dérobée aux regards du peuple, comme si l'on avait
espéré, en cachant les traits du criminel, effacer le
crime même. Le châtiment, hélas! ne s'arrêta pas là,
et je veux oublier que le peuple se fit le bourreau
de celui dont il avait été le juge.

L'arbitraire et la violence ne devaient pas anéantir
la démocratie. « Et après bien des révolutions tra-
« versées, les deux grands faits politiques qui, il y a
« près d'un siècle, ont agité le monde, la monarchie,
« la démocratie restent debout, ardents, intolérants
« comme au premier jour, et comme au premier jour
« aussi à l'état de problème social, problème impla-
« cable, qui veut une solution, qui l'aura! car elle
« est le Messie qui doit régénérer les peuples (1). »

M. Marie servira donc la cause de la démocratie
avec un désintéressement, un courage et une fermeté
inébranlables. Les hommes et les choses changeront
autour de lui, il demeurera le même, et le vieillard
conservera la foi du jeune homme. « A toutes les
époques de sa vie, même aux plus difficiles, il par-
lera raison; il détestera et cherchera à faire détester
les excès (2) ». Au nom des principes de 1789, il récla-
mera le gouvernement du pays par le pays, les libertés

(1) M. Marie. — Notes.
(2) M. O. Pinard, *le Barreau au dix-neuvième siècle.*

des citoyens garanties par la loi et leur égalité effec-
tive devant la loi; il combattra toute politique opposée
à ces principes, mais jamais il ne fera de soumissions
ni de concessions à aucun parti; jamais il ne consen-
tira à conquérir une vaine popularité par des promesses qui ne lui paraîtraient pas réalisables, par
des engagements qu'il saurait ne pouvoir tenir; toujours il se montrera modéré vis-à-vis des masses, et
sans flatter personne, il saura gagner l'estime de
tous.

Dès 1830 commence la vie politique de M. Marie,
vie politique que je dois dire (1). Il avait gardé de la
révolution de Juillet une impression trop vive pour ne
pas protester contre la guerre que le gouvernement
avait faite aux partisans du régime déchu, contre la
conduite qu'il avait tenue vis-à-vis de la presse, et surtout contre l'oubli des engagements contractés solen-
nellement devant les légitimes exigences de l'orgueil
national. Un des premiers il s'affirma l'adversaire de
la monarchie nouvelle, et prit place dans les rangs
de l'opposition radicale d'alors. Mais il ne sera ni un
conspirateur, ni un émeutier. Il eût rougi, Messieurs,
d'assurer par la violence le succès de ses idées, et il
les tenait en trop haute estime pour en demander la
réalisation à de ténébreuses machinations. C'est donc

(1) Pour le faire, je m'aiderai des notes mêmes de M. Marie, aux-
quelles je serai toujours heureux de recourir. J'ai pensé qu'en cédant,
dans ce travail bien imparfait, la parole à M. Marie, j'honorerais à la
fois et ceux qui m'écoutaient et celui que je glorifiais.

au grand jour qu'il attaquera le gouvernement, et c'est la tête haute, le cœur ferme qu'il confessera ses sentiments.

Les procès politiques, si fréquents sous la dynastie d'Orléans, lui fournirent l'occasion de porter les premiers coups à la royauté naissante. En 1830, M. Marie plaide pour un jeune étudiant du nom de Pénard, compromis dans une prétendue conspiration républicaine. Tandis que les autres défenseurs s'attachaient aux détails mêmes de l'affaire, M. Marie élevait le débat et recherchait pour combattre l'accusation, les causes générales de l'agitation et du mécontentement publics. Et le voilà dévoilant les plaies de l'organisation du gouvernement, et reproduisant dans un langage plein de hardiesse les plaintes du peuple.

« Attribuer aux Républicains, s'écria-t-il, aux Bo-
« napartistes, aux Carlistes, l'agitation actuelle de la
« société, c'est, je le dis sans détour, ou manquer
« d'intelligence, ou se laisser entraîner par l'esprit de
« parti. Pour l'homme qui raisonne, ce mal a des
« causes plus profondes et plus graves. Toute ré-
« volution a une mission à accomplir. La révolution
« de 1830 avait donc la sienne. L'a-t-elle accomplie ?
« Non ; eh bien, là est tout le secret du malaise, et
« par conséquent des troubles et des émeutes qui en
« sont l'expression énergique. Une charte nouvelle a
« été faite, et dans cette charte, dans toutes les lois
« organiques qui l'ont suivie, le peuple s'est vu,

« comme par le passé divisé en deux catégories ; dans
« l'une on a placé les hauts propriétaires, classe pri-
« vilégiée qui est aujourd'hui au peuple ce qu'était
« au tiers état la noblesse et le clergé, classe rétrograde
« qui demande le juste milieu, comme autrefois la
« noblesse et le clergé révolutionnaires demandaient
« le *statu quo* ; dans l'autre on a jeté péle-méle les sa-
« vants, les industriels, les artistes, toutes les supé-
« riorités morales en un mot, populace remuante qui
« n'étant point assez adroite pour acheter des mai-
« sons, ne mérite pas d'être associée aux droits poli-
« tiques.

« On a répudié les hommes ! Comment se serait-on
« inquiété de leurs sympathies ? A nous la France !
« ont crié deux pays amis, la Belgique et la Pologne,
« et la France, ce pays de la générosité et de l'enthou-
« siasme, la France si brillante dans le passé de sou-
« venirs nobles et chevaleresques, la France est de-
« venue égoïste et froide aux mains de quelques
« spéculateurs, et il n'a pas dépendu de ses hommes
« d'État que son antique gloire ne vint se briser aux
« pieds de deux tombeaux.

« Ce mépris des droits, ce dédain des sympathies
« naturelles, voilà ce qui a irrité, ce qui devait
« irriter.

« On nous parle bien haut de concessions faites par
« le pouvoir dans les premiers jours de la révolu-

« tion. On nous a étourdis en proclamant de nouveau
« et la souveraineté du peuple, et la déclaration de
« droits. Eh qu'importe, la liberté a-t-elle donc at-
« tendu les journées de Juillet pour conquérir ses
« diplômes ? Non, non ! Les principes sont posés. Ce
« ne sont plus des droits, des promesses, ce sont des
« faits que veut la France. A cette condition seule le
« pays retrouvera le calme et la paix.

« La civilisation, disait-il en finissant, va grandis-
« sant depuis les premiers jours du monde. L'homme
« sage compte sur cette loi des choses, il ne conspire
« pas, il observe, et le moment venu il frappe.... Il
« frappe et sous sa main puissante s'efface le passé,
« et l'avenir commence. »'

Ces paroles, Messieurs, furent entendues du pays
tout entier. M. Marie avait osé dire tout haut ce que
chacun pensait; il avait fait acquitter son client. Sa
réputation d'avocat politique et d'orateur était maintenant complète.

La royauté crut pouvoir mépriser d'aussi sages
avis. Cependant, chaque jour, naissaient des sociétés
qui menaçaient de devenir inquiétantes. Un journal,
le National, se prononçait pour la république; et
l'opposition républicaine représentée par M. Garnier-
Pagès aîné, entrait bientôt à la Chambre. Déjà M. Guizot
regrettait ses imprudentes paroles : « J'honore la répu-
« blique, c'est une forme de gouvernement qui repose
« sur de nobles principes, qui élève dans l'âme de

« nobles sentiments, des passions généreuses.... Si
« la république pouvait être rétablie, nous étions di-
« gnes qu'elle commençât par nous (1). »

Des concessions eussent peut-être ramené le calme,
la royauté se refusa à entrer dans cette voie ; et la mi-
lice républicaine, poussant l'audace jusqu'à la folie, se
décida à en appeler à la force. Au mois de juin 1832,
lors des funérailles du général Lamarque, elle engagea
une lutte dont l'issue ne pouvait être douteuse, elle
succomba au cloître Saint-Méry.

M. Marie avait suivi avec une profonde tristesse
toutes les phases de l'insurrection ; la défaite arrivée,
il devait prêter aux vaincus le secours de sa parole ;
le 29 octobre 1832 il se présenta devant la Cour d'assises, au nom de Jeanne.

Le temps était à la violence. M. Marie ne la connut
pas, et il n'apporta dans la défense de son client ni
les entraînements ni les ardeurs de l'époque.

Voici, Messieurs, le début de sa plaidoirie :

« M. l'avocat général a déroulé devant vous de
« sanglants tableaux, vous en avez été émus ; la dé-
« fense elle-même a partagé vos émotions. Eh bien,
« soit ! versez quelques larmes sur les nobles victi-
« mes de ces journées, mais hâtez-vous ! Il est un

(1) Séance du 9 novembre 1830 à la Chambre.

« moment où la voix des passions doit s'éteindre.
« C'est lorsqu'un homme courbé sous une accusation
« capitale se trouve placé entre l'homme et Dieu. Il
« semble alors que la justice divine doive jeter quel-
« ques-uns de ses reflets sur la justice de la terre. Éle-
« vez-vous donc, Messieurs, car si l'accusation est pro-
« phétique, Jeanne touche à ce moment. J'ai compté
« sur vous, sur votre fermeté, et aussi sur ces idées
« élevées et pures dont vous a dotés une civili-
« sation progressive. Vous m'écouterez, car la justice
« d'aujourd'hui, à l'exemple de la justice d'autre-
« fois, ne se prostituera pas en esclave devant la
« volonté du vainqueur ; vous m'écouterez, car je ne
« viens point, plaçant la révolte sur un piédestal, la
« proclamer respectable et sainte.

« Entre la bourgeoisie et les derniers rangs de la
« société se place, Messieurs, une classe industrieuse,
« intelligente, active, et qui chaque jour marche d'un
« pas plus ferme à l'initiation politique. Elle court à
« la conquête de la monarchie républicaine, comme
« vos pères couraient à la conquête de la monarchie
« constitutionnelle. Arrêtés dans leur course, ils ont
« vaincu l'obstacle. »

Monarchie républicaine. — Le mot est à retenir.

« Les sociétés sont formées d'intelligences qui mar-
« chent successivement à l'émancipation politique,
« c'est là le progrès, la civilisation. Un siècle ne
« devine pas le siècle qui le suivra, et s'il apparaît

« alors un homme en avant de son époque, il parle,
« on ne le comprend pas ; il agit, on le persécute ;
« il agit encore, on le tue... Cependant le temps
« marche, et les générations étonnées élèvent des
« statues à ce précurseur séditieux. Ah ! la justice
« humaine doit trembler, lorsque, jetant les yeux
« sur le passé elle voit chaque progrès social appuyé
« à sa base sur un tombeau. »

Je voudrais pouvoir multiplier les citations; car
M. Marie s'est peint tout entier dans ces plaidoiries,
et, vertu bien rare, il n'a jamais démenti les sentiments et les doctrines qu'il y a développés. « Il a
toujours agi comme il avait parlé. » Il a toujours,
comme il le disait plaidant pour Babeau, appelé
l'émeute un crime.

Dans toutes ces luttes, M. Marie servait activement
son parti. Fidèle à la modération et au respect de
la loi qu'il s'était imposés, il n'en était pas moins,
sans se mêler aux agitations de la rue, un ennemi re-
doutable. Il avait remporté une victoire complète le
jour où, faisant acquitter M. Cabet, il avait arraché à
M. Persil, alors procureur général, ce cri de colère
et d'impuissance : « Désormais il n'est plus possible
« de faire des procès à la presse. »

C'est ainsi que pendant dix ans de sa vie il soutint
à la barre les doctrines démocratiques. Le moment
allait venir, Messieurs, où tant de travaux seraient

récompensés. L'avocat qui depuis longtemps faisait partie du conseil de son ordre, s'était vu en 1840 décerner les honneurs du bâtonnat; en 1842, l'homme politique alla siéger à la Chambre des députés.

Son attitude n'y pouvait être incertaine. M. Marie se mêla aux rangs de l'opposition radicale ; il se contenta toutefois à la Chambre d'un rôle modeste ; partout où il rencontra le ministère sur les questions de politique intérieure comme de politique extérieure, il se montra son adversaire déclaré. Mais il ne prit que très-rarement la parole. Il donna même de son silence une explication qui m'a paru contenir la critique la plus juste de la législature de 1842 à 1846.
« On croit, disait-il, qu'un avocat aime beaucoup à
« parler, il n'en est rien ; et je suis par exemple
« du nombre de ces hommes qui n'aiment pas à parler
« pour le plaisir de parler, je suis de ceux qui pen-
« sent que les discours peuvent contenir autre chose
« que des paroles, qu'ils doivent être des actes, et
« qu'il faut qu'ils aient un but, et tendent à un résultat.
« Or, les discussions engagées ont eu rarement pour
« but l'intérêt du pays ; trop souvent elles avaient
« pour seul but le déplacement d'un portefeuille ; et
« comme je n'avais pas à m'immiscer dans ces ques-
« tions de portefeuille, j'ai dû trouver assez peu de
« place en général dans les questions de cabinet qui
« se sont engagées. »

Ces déclarations parurent satisfaisantes aux électeurs auxquels elles furent adressées, car en 1846, pour la deuxième fois, le V⁰ arrondissement de la ville de Paris confia à M. Marie le soin de le représenter. Le règne de Louis-Philippe touchait à sa fin.

« Les vieux historiens racontent que le phare de
« Caprée s'écroula dans la nuit qui précéda la mort
« de Tibère et que plusieurs autres funestes présages
« annoncèrent ce grand événement dans l'empire. »

Il semble que la Providence voulût aussi faire précéder de ses colères la chute de la monarchie de Juillet. En quelques mois les procès les plus scandaleux, les crimes les plus odieux, les plus inexplicables s'accumulèrent. Personne cependant, il faut le reconnaître, ne croyait la révolution si proche, et personne ne songeait à la provoquer. Toute la question politique se résumait en ce seul mot : la réforme. L'opposition avait tenté de l'obtenir, elle avait vu ses réclamations incessantes toujours repoussées par le parti conservateur, elle désespérait de pouvoir jamais triompher par la lutte parlementaire ; il ne lui restait qu'à recourir à l'agitation intérieure et à arracher au roi cette réforme tant demandée par d'imposantes mais pacifiques manifestations.

Le droit de se réunir dans des banquets parut incontestable, et les diverses fractions de l'opposition, gauche, centre gauche, opposition radicale, résolurent de l'exercer, décidées toutefois à se séparer le jour où le but commun, la réforme électorale et parlementaire, serait atteint.

Le succès de cette campagne, commencée au mois d'août 1847, fut éclatant. A Paris, dans toutes les grandes villes, les chefs de l'opposition, parmi lesquels il faut désormais placer M. Marie, rencontrèrent un accueil enthousiaste, devant lequel les hauts politiques du gouvernement s'émurent à la longue. Ils s'irritaient surtout de ne pouvoir rompre cette alliance, lorsqu'au mois de novembre, les radicaux exaltés vinrent se mêler à la lutte et provoquèrent par leur violence, à la grande joie des conservateurs, la division des réformistes. La campagne entreprise était heureusement à cette époque trop avancée pour que les résultats en pussent être compromis. Les ultra-radicaux demeurèrent dans leur isolement.

Ce fut au milieu de l'agitation générale causée par les banquets que s'ouvrit la session de 1847. Le gouvernement accepta nettement la situation. Il décida de repousser encore la réforme. Vous avez tous présents à la mémoire ces débats dans lesquels M. Marie fut particulièrement attaqué. « S'opposer .au vœu si clairement manifesté, c'était commettre une grave faute (1). » Le gouvernement ne le comprit pas.

(1) M. Marie. — Notes.

L'adresse votée, le ministère s'occupa du dernier banquet projeté, le banquet du XIIᵉ arrondissement, qui avait été fixé au 19 janvier 1848. La victoire qu'une majorité complaisante lui avait assurée, n'avait pu calmer cependant ses craintes, et le 14, il faisait notifier aux réformistes, par le préfet de police, la défense de se réunir.

C'était une prétention nouvelle que le gouvernement élevait bien tardivement. Le droit dont il entendait maintenant prohiber l'exercice, il en avait implicitement reconnu la légitimité.

L'opposition se réunit chez M. Marie, pour s'entendre sur la mesure qu'il conviendrait de prendre.

Vous devinez, Messieurs, le parti que M. Marie va conseiller de suivre ; la résistance ne pouvait être désormais qu'un appel à la force ; il ne voulait pas y recourir. La lutte paraissait inégale, et il craignait dans l'intérêt de sa cause une échauffourée malheureuse. « Enfin, comme il le disait lui-même, la « république pouvait sortir du succès révolutionnaire. « Or, était-on prêt pour la république, et était-il dési- « rable que la démocratie, toujours grandissant, ne « dût qu'à un coup de main la forme suprême et « souveraine que le temps et la raison publique « devaient nécessairement lui donner sans surprise « et sans violence (1) ? » Il se prononça donc nette-

(1) M. Marie. — Notes.

ment contre toute tentative de résistance. Mais il fut vivement combattu, et une nouvelle réunion fut fixée au lendemain. Ce jour-là les partisans de la résistance l'emportèrent, et il fut décidé que le banquet aurait lieu.

M. Thiers avait assisté à cette dernière réunion sans prendre part à la discussion. En sortant il s'approcha de M. Marie : « Le parti que vous avez pro-« posé, lui dit-il, était le seul raisonnable. Toute agi-« tation est dangereuse, le gouvernement est prêt. « Il a à Paris ou près de Paris 80,000 hommes ; ses « points stratégiques sont arrêtés, et un mouvement « populaire quel qu'il soit sera écrasé en moins d'une « heure. » M. Marie partageait ces appréhensions, mais il avait, en participant à la délibération prise, engagé sa liberté ; désormais il n'était pas homme à reculer.

Vous vous rappelez, Messieurs, les hésitations qui suivirent cette résolution, les compromis de l'opposition et du pouvoir, la manifestation qui remplaça le banquet, la demande de mise en accusation du ministère, le commencement de la lutte, les phases diverses des journées des 22 et 23 février, et enfin la nouvelle de la démission du ministère, qui fit cesser toute agitation et ramena momentanément le calme dans Paris.

M. Marie avait vu l'émeute avec angoisse, il avait partagé le contentement général, lorsqu'il l'avait crue apaisée, et c'était le cœur allégé, satisfait de la victoire remportée qu'il était rentré chez lui le 23 au soir, lorsque tout à coup retentit la fusillade. Il écoute, il entend de longues clameurs et le bruit de la foule qui fuit. Il descend dans la rue. « Qu'y a-t-il ? — On se bat sur le boulevard, lui répond-on, la troupe massée près du Ministère des affaires étrangères a tiré sur le peuple et a fait de nombreuses victimes. »

Il n'y avait pas à s'y méprendre ; cette fois c'était la révolution.

Un chariot avait recueilli les cadavres, les promenait ensanglantés à la lueur des torches, à travers les quartiers populeux, et les barricades s'élevaient sur son passage.

La fusillade du boulevard des Capucines avait tué la monarchie.

Cette révolution, Messieurs, avait-elle été préméditée, et l'événement qui a emporté d'une façon si imprévue, si soudaine, la dynastie d'Orléans, avait-il été préparé de longue main ?

M. Marie affirme que non ; et par ses relations, par sa situation dans le parti avancé, il aurait été certainement prévenu de ce qui allait être tenté, ne fût-ce que par des confidences ou des indiscrétions.

« Huit jours en effet avant le banquet du XIIe
« arrondissement, il était le soir dans son cabinet
« quand un de ses amis lui fut annoncé.

« Marie, lui dit-il, je quitte une réunion où se trou-
« vaient plusieurs de nos amis, et il les nomma. Nous
« avons causé des événements qui se préparent ;
« l'agitation est grande, les esprits vivement excités;
« personne ne songe, il est vrai, ni à engager une
« lutte qui serait un malheur, ni à soulever une
« révolte qui pourrait avorter. Mais enfin si cela arri-
« vait, contre toutes volontés et toutes prévisions, que
« ferions-nous ? Ne serait-il pas utile de s'entendre à
« l'avance sur l'organisation d'un gouvernement pro-
« visoire qui prendrait en main le mouvement et le diri-
« gerait ? Nous avons cherché des noms ; le vôtre,
« celui de F. Arago et de Dupont de l'Eure ont été
« prononcés. Le cas arrivant, accepteriez-vous cette
« mission ? Je suis chargé de vous le demander. —
« Oui, dit M. Marie, ce serait un devoir sacré, et je
« m'y dévouerais sans réserve (1). »

Et la conversation continua familière, comme si les
engagements les plus sérieux ne venaient pas d'être
échangés. Le moment de tenir la parole donnée semblait alors si éloigné !

Dix jours après, ces prévisions étaient devenues
des réalités.

Le 24 février, M. Marie se rendit dès le matin aux
bureaux du journal le *National* où rendez-vous avait
été donné en cas de conflit sérieux. Il venait y prendre

(1) M. Marie. — Notes.

les nouvelles, il désirait surtout savoir si on allait tenter de diriger cette révolution que l'on n'avait ni prévue ni voulue, et qui semblait s'imposer par sa spontanéité.

Au *National*, il ne trouva que confusion et désordre. On entrait, on sortait, on apportait les bruits les plus contradictoires; les mots réforme, régence, abdication, république se croisaient au milieu du tumulte: on criait beaucoup, on ne décidait rien. M. Marie sortit bientôt, décidé à demander à ses seules impressions quelle conduite il tiendrait pendant cette journée.

Presqu'aussitôt, il rencontra M. Odilon Barrot, la tête nue, l'œil en feu, descendant les boulevards, escorté d'un groupe de députés et de citoyens : « Satisfaction est donnée au pays, s'écriait-il, un « ministère de gauche est constitué. L'opposition « arrive aux affaires, c'est le triomphe des principes « qu'elle a constamment voulus et proclamés. » Et ces paroles soulevaient de nombreux applaudissements.

M. Marie suivit cette manifestation, mais il remarqua que l'enthousiasme allait toujours diminuant à mesure que l'on se rapprochait des quartiers ouvriers. Arrivé là, il dut reconnaître que le peuple se payait peu de cette victoire, et qu'il ne s'arrêterait pas à la réforme. Il revint alors sur ses pas, et constata les progrès de l'émeute : les boulevards devenaient déserts, les fenêtres se fermaient, on se fortifiait partout, on travaillait fiévreusement aux barricades derrière lesquelles veillaient des hommes armés, on frappait aux portes en demandant des armes, et déjà se montraient ces sinistres figures qui n'apparaissent qu'aux jours de trouble.

Le général Lamoricière, que M. Marie aperçut, avait compris la gravité de la situation, et son visage trahissait son inquiétude.

Un instant après, M. Emmanuel Arago arrêta M. Marie. « Ne croyez pas, lui dit-il, que la Chambre puisse accepter un simple changement de ministère; cela ne satisferait pas le pays. C'est la déchéance qu'il lui faut. » Il s'éloigna en répétant encore d'un ton qui ne cherchait pas à être confidentiel : « Entendez-le bien, c'est la déchéance qu'il nous faut. »

M. Arago disait vrai. C'était la déchéance que le peuple voulait; et M. Marie était depuis longtemps éclairé sur le caractère du mouvement, quand il se rendit à la Chambre où devaient se passer les événements décisifs de la journée.

Lorsqu'il y entra, l'agitation était extrême. Les membres de la majorité, éperdus, atterrés, affolés, erraient dans les couloirs, dans la salle des conférences, de tous côtés, quêtant des nouvelles, mendiant l'appui de ces membres de l'opposition qu'ils traitaient la veille avec tant de dédain et de hauteur, et cherchant à se rattacher à une dernière combinaison ministérielle qui appelait le chef de la gauche à la tête du gouvernement.

Certes, s'il avait pu pénétrer dans le cœur de M. Marie un sentiment de vengeance et d'orgueil, il eût écouté avec une satisfaction bien légitime les tardives protestations de repentir que la peur arrachait à cette majorité hier encore si arrogante. Mais il avait l'âme trop grande pour se laisser aller à de pareilles pensées, et c'était avec une amertume méprisante qu'il contemplait ce tumulte indigne d'une grande Assemblée, et surtout ce soudain et honteux évanouissement de la fidélité des serviteurs de la royauté.

Au milieu du trouble général entra M. Thiers. « Le roi abdique, dit-il, en faveur de son petit-fils, et assure la régence à la duchesse d'Orléans. Je crains qu'il ne soit trop tard et qu'il n'y ait plus à se défendre, le flot monte, monte. Le roi va quitter Paris, et la duchesse se rendre à l'Assemblée. » Et après avoir donné cette grave nouvelle, M. Thiers disparut.

Mais que pouvait la Chambre pour la duchesse d'Orléans ? C'était devant le peuple, observa M. Marie, qu'il fallait se présenter ; c'était à lui à qui il fallait montrer son enfant, à qui il fallait demander de ratifier la régence. « Excellente idée, repartit un con- « servateur ; mais il faudrait à côté de la princesse

« des hommes jouissant d'une popularité acceptée. « Pourquoi vous, M. Marie, ne prendriez-vous pas « cette initiative (1)? » M. Marie se retourna, haussant les épaules à cette étrange proposition. Il faut croire, du reste, que le péril avait altéré la raison des dévoués de la veille, car le même jour, en montant à la tribune pour réclamer l'établissement d'un gouvernement provisoire, M. Marie devait encore entendre M. Dupin murmurer d'une voix suppliante à son oreille : « Parlez pour la duchesse d'Orléans. »

Tout à coup, le bruit se répandit que la duchesse arrivait à la Chambre. M. Marie s'élança dans le vestibule; il y rencontra M. Emmanuel Arago, qui, à la tête de gardes nationaux armés, venait de pénétrer dans l'intérieur du palais, et qui lui dit précipitamment : « Nous ne voulons pas de régence; nous « comptons sur vous; montez à la tribune et de-« mandez la constitution d'un gouvernement provi-« soire. Le voulez-vous? — C'était ma résolution « bien arrêtée, je le ferai, » répondit M. Marie qui regagna immédiatement la salle des séances.

Vous savez, Messieurs, comment il tint sa promesse; vous vous rappelez que pendant trois quarts d'heure il demeura à la tribune attendant le moment où il pourrait le premier jeter ces mots : Un gouvernement provisoire.

(1) M. Marie. — Notes.

Trois heures plus tard, ce gouvernement était constitué, et le ministère des travaux publics attribué à M. Marie.

Voilà M. Marie arrivé au pouvoir; son dévouement à la cause républicaine, les luttes par lui soutenues pour le triomphe de cette cause l'y avaient naturellement porté. Il n'avait ni cherché, ni désiré cet honneur. En présence des événements il avait fait ce qu'il avait cru être son devoir, il continuera à le faire honnètement, avec simplicité, avec abnégation. Il quittera le pouvoir, Messieurs, comme il y est venu, dédaignant les attaques dont il aura été l'objet, reprochant seulement à ses adversaires d'avoir nui à la cause publique.

C'est là une des belles périodes de la vie de M. Marie, et quand je vois les calomnies qu'on a essayé de jeter sur sa conduite si pure, je m'irrite de mon impuissance et tremble de ne savoir vous faire partager toute l'admiration que j'ai conçue en étudiant un pareil caractère.

Le gouvernement provisoire, qui était sorti du mouvement populaire, était la représentation fidèle des idées, des passions, des intérêts les plus divers. Il s'ensuivait qu'il manquait nécessairement d'homogénéité, et ce fut là un bien; car donnant des garanties à la fois au peuple et à la bourgeoisie, au travail et au capital, il put réunir la confiance autour de lui. Malheureusement les questions sociales surgirent bientôt, et elles trouvèrent des défenseurs jusque dans le sein du gouvernement, où elles ne tardèrent pas à jeter la division. Elles devaient engendrer des événements dont la terrible responsabilité a lourdement pesé sur M. Marie; je veux parler d'une des principales causes des funestes journées de Juin, des ateliers nationaux, dont je n'ai point à vous faire l'histoire, mais dont on a tellement dénaturé l'origine et le but, et au sujet desquels on a si odieusement attaqué M. Marie que je me reprocherais de ne pas faire connaître à ce sujet la vérité telle qu'elle apparaît dans les notes mêmes de M. Marie.

Pour bien apprécier cet épisode de la révolution de 1848, il est indispensable de se reporter à cette époque et de se replacer en face de la situation faite au gouvernement provisoire. C'est le seul moyen de juger sainement les hommes et les choses; nous nous refusons presque toujours à en agir ainsi. Nous exaltons ou nous condamnons nos hommes d'État comme de parti pris, sans examen, sans réflexion ; avant de les blâmer, nous ne daignons pas considérer les difficultés, les obstacles qu'ils ont rencontrés ; nous ne recherchons pas s'il était possible de faire mieux ou autrement qu'ils n'ont fait; nous ne tenons compte ni de leurs intentions, ni de leurs efforts, ni de leur désintéressement, et nous n'estimons leurs actes que par leurs résultats.

Si l'événement est heureux, nous prétendons n'être

point étrangers à son succès, et nous en revendiquons notre part sans modestie. Si, au contraire, l'événement vient à trahir les espérances caressées, nous n'avons pas assez de railleries misérables, assez d'insultes pour accabler les hommes dont, avec un peu de meilleure foi, nous nous souviendrions d'avoir hautement approuvé le langage et la conduite. Il nous importe bien, vraiment, que ceux-là aient subi une situation que toutes les forces humaines, de notre propre aveu, étaient impuissantes à conjurer! Nous oublions tout, vertu, courage, probité, et nous ne savons nous incliner que devant la triste brutalité du succès.

Messieurs, il est temps de mettre un terme à ces critiques irréfléchies, à ces injustices; je viens vous demander de le faire avant de vous prononcer sur la création des ateliers nationaux.

La révolution de Février avait été accomplie par une armée riche de soldats, dépourvue de chefs, qui s'était précipitée dans la rue, et s'obstinait à y demeurer l'arme au bras.

Le peuple était le seul maître, et le gouvernement provisoire se sentait impuissant à le contenir (1). Telle

(1) « La force était dans la victoire et du côté des vainqueurs, c'est-à-
« dire dans le camp même où la misère siégeait. L'armée, il n'y fallait
« songer; le 24 Février l'avait dispersée. Avec qui donc combattre si la
« lutte était nécessaire? Avec la garde nationale. Elle était debout, il
« est vrai, mais ce qui manque, ce qui manquera toujours à ce corps de

était la situation. Tous ceux qui depuis ont si amère-
ment reproché au gouvernement l'organisation des
ateliers nationaux, devraient se rappeler la terreur
causée par l'attitude de cette foule dont on connais-
sait les ardeurs et les emportements et qui refusait de
quitter ses barricades.

Ce n'était pas tout.

Chaque matin par milliers s'agitaient des hommes,
des femmes, des enfants sans pain, sans asile, à moi-
tié nus, ceux-ci demandant du travail, ceux-là demandant l'aumône, priant, sollicitant, menaçant.
« Paris se divisait donc, dit M. Marie en deux grandes
« fractions : dans l'une la noblesse, la bourgeoisie,
« les travailleurs sérieux, fraction facile au découra-
« gement comme à l'espérance, dans le succès im-
« prévoyante et impitoyable comme l'égoïsme, dans
« la défaite faible, abattue, la haine au cœur et le
« sourire aux lèvres, toujours inclinée devant le fait
« accompli, et toujours toute prête à tendre les
« mains à la servitude pourvu que le bien-être ma-
« tériel lui soit assuré.

« Dans l'autre, tous ces mendiants ou prêts de
« l'être, que la civilisation éclaire de fausses lueurs

« citoyens, c'est l'abnégation et la discipline. Il raisonne trop pour obéir.
« Il a trop d'intérêts individuels à ménager pour se sacrifier aux inté-
« rêts généraux. C'est déjà beaucoup que de compter sur la vertu des
« hommes, il ne faut jamais compter sur leur héroïsme. » M. Marie. —
Notes.

« et ne soulage pas, fraction envieuse, turbulente,
« indisciplinée dans le succès et ne demandant qu'à
« ses impressions du moment sa raison d'agir (1). »

Cette fatale armée de la faim, comme on l'a appe-
lée alors, fut encore grossie par la fermeture d'un
grand nombre d'ateliers, et il est triste d'avoir à dire
que les meilleurs des ouvriers, ceux auxquels le travail ne manque jamais, vinrent se joindre aux vrais
malheureux.

Le socialisme qui comptait tout ce monde dans ses
rangs et sentait quel appui il pourrait trouver là,
prétendit alors résumer en lui seul la révolution et
s'arroger exclusivement le pouvoir.

Nous allons observer, Messieurs, ses premiers
agissements et voir quelles en furent les consé-
quences.

Le 25 février, un homme força l'entrée de la salle
dans laquelle les membres du gouvernement provisoire étaient parvenus à se réfugier. Cet homme se
dit ouvrier, envoyé par les ouvriers, et les armes à
la main, parlant au nom de ses camarades également
armés qui l'attendaient sur la place de l'Hôtel-de-
Ville, il réclama du gouvernement l'organisation du
droit au travail. Le peuple avait patienté pendant dix-
huit ans, c'était assez. Il ne se contenterait plus de

____

(1) M. Marie. — Notes.

belles paroles, il lui fallait des actes. Il exigeait que l'organisation du droit au travail fût décrétée, et qu'elle le fût dès le lendemain. « Citoyen, lui répondit M. Marie, ce que vous demandez est impossible. Voyez, interrogez nos collègues, Lamartine, Louis Blanc, tous vous diront que le temps seul peut donner au peuple ce qu'il a le droit de demander. » En vain M. Lamartine et M. Louis Blanc se joignirent-ils à M. Marie pour démontrer à cet homme l'impossibilité de donner satisfaction à sa demande. « Il nous faut l'organisation du travail, nous la voulons, demain, demain ! » répétait-il en faisant sonner sur le parquet la crosse de son fusil. « Puisque vous parlez avec tant de facilité d'un pareil sujet, lui dit M. Marie impatienté, apparemment vous avez un système arrêté. Eh bien, dictez, j'écris. » Et le prétendu délégué du peuple, étonné, resta sans réponse (1).

Les membres du gouvernement crurent en avoir ainsi fini avec l'organisation du droit au travail ; ils reprirent leurs occupations interrompues si mal à propos, sans daigner accorder une plus longue attention aux murmures de l'ouvrier qui avait repris contenance et ne se tenait pas pour battu. Il se rapprocha en effet de M. Louis Blanc placé dans l'embrasure d'une fenêtre, engagea avec lui une conversation qui devint peu à peu confidentielle, puis se retira. Et le

(1) M. Marie. — Notes.

lendemain parut un décret daté de la veille ainsi conçu :

« Le gouvernement s'engage à garantir l'existence de l'ouvrier par le travail.

« Il s'engage à garantir du travail à tous les citoyens. Il reconnaît que les ouvriers doivent s'associer entre eux pour jouir du bénéfice de leur travail.

« Le gouvernement rend aux ouvriers auxquels il appartient le million qui va échoir de la liste civile. »

Aucune délibération n'avait précédé la publication de ce décret qui avait été, affirme M. Marie, l'œuvre de M. L. Blanc seul.

La conséquence nécessaire de cette dette contractée par l'État était l'ouverture d'ateliers nationaux. Le 27 février, le principe de ces ateliers fut consacré par un nouveau décret se terminant ainsi :

« Le ministre des travaux publics est chargé de l'exécution du présent. »

Comment exécuter un tel décret ? A cet égard, on n'était guère fixé. M. Marie qui était très-hostile à la théorie du droit au travail, et qu'on savait très-résolu dans son hostilité, ne songea pas à se plaindre de la tâche qui lui était imposée. On espérait cependant qu'il la repousserait, et d'autres étaient déjà tout prêts à l'accepter. Un matin, à l'ouverture du conseil, alors que les cris confus de la populace ameutée parvenaient jusqu'à la salle des délibérations, M. L. Blanc demanda la parole, exposa la situation misérable des ouvriers, rappela les menaces du peuple, et insistant sur l'organisation du travail, conclut en demandant la formation immédiate d'un ministère qu'il appela le ministère du travail et du progrès.

M. Albert se leva pour appuyer la motion de son collègue, mais, moins habile, il laissa tomber les noms du futur ministre et du futur secrétaire général, M. Louis Blanc et M. Albert, lesquels n'aspiraient assurément pas à cette dignité, et céderaient en l'acceptant à la pression du peuple.

Un pareil ministère confié à un pareil ministre, c'était l'État commanditaire du travail. Le gouvernement le sentit. Il s'arrêta à une commission d'examen, comptant que l'expérience ferait prompte justice de ces doctrines. Il n'en devait pas être ainsi, et ce fut un éternel chagrin pour M. Marie de n'avoir su prévoir les déplorables résultats que cette concession si sage en apparence devait entraîner. Le discours d'inauguration de la commission du Luxembourg grandit encore, en effet, les embarras de la situation; les ateliers devinrent de plus en plus déserts, les bureaux de secours chaque jour plus assiégés dans les mairies. Il était urgent d'agir, et d'agir promptement. Il fallait dégager la rue et enlever tout prétexte à l'émeute. L'assistance ne pouvait suffire. M. Marie décida de faire appel au travail. Il résolut, en conséquence, de mettre à exécution le décret du 27 février, et il rendit immédiatement à leur activité tous les chantiers de Paris. Cette première mesure étant insuffisante, il réunit les ingénieurs de la ville, le conseil des ponts et chaussées, et il projeta de grands travaux. Mais il rencontra de fâcheuses résistances ; des questions de finances firent repousser divers projets dont l'intérêt lui avait paru capital, et en présence des difficultés qu'on soulevait devant lui, il eut un instant, pour dégager sa responsabilité, l'intention de donner sa démission. Il rejeta bien vite une telle pensée; le danger ne lui commandait-il pas de rester à son poste? Du reste, l'exécution de ce décret, telle que l'avait conçue M. Marie, semblait promettre d'heureux résultats. Tous les soirs, les ingénieurs remettaient au ministère l'état des ateliers nouvellement ouverts avec l'indication du nombre d'ouvriers que chacun d'eux pouvait recevoir, et ces documents étaient adressés aux mairies avec la fixation du contingent de travailleurs qu'elles auraient à fournir. Malheureusement, ces instructions si simples ne furent point exécutées, le travail fut réparti par les mairies avec inégalité, sans mesure ; souvent des ouvriers étaient dirigés sur des chantiers où ils ne pouvaient être employés; tout naturellement, ils accusaient le gouvernement seul de ce contre-temps, et ces accusations, si injustes qu'elles fussent, trouvaient facilement créance auprès d'une classe ombrageuse et défiante qui s'imagine toujours être trompée ou trahie.

Ce fut à cette époque que se présentèrent à M. Marie M. Hygonnet et M. Emile Thomas ; tous deux avaient cherché la solution du problème, tous deux croyaient l'avoir trouvée. M. Marie écouta l'un et l'autre et fut particulièrement frappé des propositions de M. Emile Thomas. Il résulta toutefois pour lui de cet entretien qu'il n'appartenait pas au ministère, mais au pouvoir municipal, de prendre une décision définitive. Le 5 mars, il convoqua donc à l'hôtel de ville, pour entendre MM. Hygonnet et Emile Thomas, tous les maires de Paris et les hommes spéciaux qui pouvaient donner sur la question les avis les plus éclairés. M. Marie n'assista pas au début de cette séance, il arriva au moment où la délibération commençait, et il put juger de l'enthousiasme qui avait suivi le discours de M. Emile Thomas. Pas une objection ne fut élevée, son projet fut adopté dans son entier, on voulait en commencer sur l'heure l'exécution ; et quand l'auteur demanda quatre jours pour trouver les hommes qu'il devait associer à son entreprise, chercher l'emplacement nécessaire, et rassembler le matériel dont il avait besoin, on se récria comme s'il se fût agi de quatre siècles.

Les ateliers nationaux étaient créés.

« L'histoire de cette grande mesure peut donc se

« résumer en quelques mots : la nécessité des
« temps l'a inspirée ; M. Emile Thomas l'a inventée ;
« le corps municipal tout entier l'a résolue ; le gou-
« vernement provisoire l'a consacrée ; l'opinion
« contemporaine enfin, par tous les organes de la
« presse, l'a sanctionnée de son approbation éclai-
« rée (1). »

Les mauvais jours vont venir vite. Vous avez vu,
Messieurs, comment le socialisme s'était imposé au
gouvernement ; il me reste à faire connaître quelle
fut son œuvre.

Les conférences du Luxembourg étaient bien faites
pour attirer et pour passionner le peuple ; elles lui
parlaient continuellement de ses droits, et ne lui rap-
pelaient peut-être pas assez ses devoirs ; aussi elles
n'éveillaient en lui que les mauvais instincts, les
appétits grossiers et des sentiments d'envie qui ne
demandaient pas à être excités. Ce que le peuple
avait retenu de ces enseignements, c'étaient les paroles qui flattaient ses convoitises ou ses haines.
L'histoire dira quelle responsabilité revient aux ora-
teurs du Luxembourg dans les lugubres événements
qui se produisirent.

A la suite de semblables prédications, la paix publique ne tarda pas à être troublée ; des coalitions,

(1) M. Marie. — Notes.

des grèves sans nombre précédèrent la révolte chaque jour plus imminente. Des excitations secrètes, que M. Marie n'hésite pas à attribuer au parti bonapartiste, et à cet égard l'enquête ordonnée par l'Assemblée lui donne raison, vinrent encore fomenter l'insurrection de Juin. Enfin, les maires de Paris, oublieux de leurs engagements, portèrent le désordre à son comble.

Les ateliers nationaux, qui ne devaient recevoir que les ouvriers de Paris se trouvant sans ressources et sans travail, furent bientôt, selon le mot de l'époque, le grand hôpital de la misère. De toutes les provinces de la France, de l'étranger même accoururent des travailleurs demandant à être enrôlés, et les maires firent, sans contrôle, droit à ces demandes.

M. Marie essaya de parer à l'encombrement ; il s'efforça par des circulaires de rappeler aux maires leurs devoirs, il donna les ordres les plus rigoureux pour qu'on retint dans leurs foyers les ouvriers de la province. Il ne fut pas écouté. L'agglomération des ouvriers augmenta chaque jour à Paris.

En même temps, M. Marie combattait les grèves ; il se rendait dans les ateliers, cherchait à vider les différends ; il montrait à tous la République souffrant de ces divisions. Parfois ses avis furent écoutés ; le plus souvent il n'en fut pas tenu compte.

Il fallait, Messieurs, prendre un parti. M. Marie

voulait qu'on refit les contrôles, qu'on renvoyât en
province tous les ouvriers qui en étaient venus et
qu'on chassât les étrangers. Une impatience re-
grettable entraîna la Chambre à dissoudre immédiatement les ateliers nationaux, et le rapport de
M. de Falloux, colporté dans les masses, y souleva
des colères d'où l'émeute, en quelques heures, sortit
formidable.

« Tout ce qu'il avait été possible de faire pour
« prévenir l'insurrection, M. Marie l'avait fait; tout
« ce qui pouvait empêcher l'effusion du sang, il
« l'avait tenté. Il courba la tête, comprima son cœur
« qui se brisait, et fit son devoir de magistrat, de
« citoyen (1). »

Combien furent désastreuses les journées de Juin,
c'est ce que nous ne répéterons jamais assez. La pro-
clamation de la République n'avait pas rencontré de
résistances ; les légitimistes, les orléanistes, les rares
bonapartistes qui existaient alors, avaient accepté
la révolution ; tous s'étaient hâtés de prodiguer au
gouvernement nouveau leurs adhésions chaleureu-
ses, les promesses d'un loyal concours, les assurances
énergiques d'un dévouement sans bornes. M. Marie
cependant doutait de la sincérité de leur conversion,
et croyait, en réalité, ces partis décidés à conspirer
contre l'ordre de choses qui venait de s'établir, à le

____

(1) M. Émile Thomas.

renverser par tous les moyens et quoi qu'il pût en advenir, et à prendre sans choix leurs complices dans cette œuvre de destruction. Après les journées de Juin, la bourgeoisie vint favoriser les coupables desseins de la coalition monarchique. Il est à remarquer, Messieurs, que cette classe pacifique par excellence a toujours été un des agents les plus actifs et aussi les plus inconscients des révolutions et des réactions qui se sont succédé chez nous. Voltairienne par éducation, frondeuse par nature, la bourgeoisie s'est toujours plu à harceler les gouvernements, même ceux qu'elle avait amenés au pouvoir; il n'en est pas un qu'elle n'ait poursuivi de ses persifflages et de ses taquineries, et en cela elle n'obéit qu'à ses vieilles habitudes de critique tracassière, à ses goûts invétérés de contradiction et d'opposition. En 1848, elle était loin de supposer que le cri de « Vive la réforme! » qu'elle poussait de si bon cœur serait le signal de la chute d'un trône, et elle était demeurée confuse à l'issue des événements. Cependant elle avait accepté la République comme elle a toujours accepté les gouvernements de fait ; mais aux journées de Juin, après s'être vaillamment battue, elle avait pris peur ; sa tranquillité avait été troublée ; elle avait cru ses intérêts menacés. Cette peur fut habilement exploitée par les ennemis de la République, et la bourgeoisie était résignée à subir le joug du premier venu plutôt que d'être exposée au retour de semblables épreuves.

M. Marie avait prévu la réaction que ces événements devaient amener, et il en avait ressenti une grande douleur. Sa démission de membre de la commission exécutive qu'il avait dû remettre entre les mains du général Cavaignac avait encore augmenté sa tristesse. Il ne regrettait pas un pouvoir qu'il avait souvent voulu quitter, il s'affligeait seulement d'avoir été contraint de l'abandonner au milieu du combat. La présidence de la Chambre, que l'élection lui déféra, calma un instant ses regrets. Il songea qu'à ce poste il pourrait encore servir utilement sa cause ; et quand, peu de temps après, le ministère de la justice lui fut offert, il le refusa d'abord dans la crainte de céder le fauteuil à un partisan de la monarchie. Il fallut, pour vaincre sa résistance, ces paroles du général Cavaignac : « Que voulez-vous ! je serai forcé de prendre des amis douteux, et ce n'est pas ainsi que nous ferons les affaires de la République (1). »

M. Marie entendit cet appel fait à son dévouement, et se rendit à cette prière ; mais il avait assisté au déchaînement des passions brutales de la populace, qui sont à l'idée républicaine ce que le mal est à la vertu ; il avait tremblé pour l'avenir de sa chère République, et il voulut désormais combattre la démagogie, cette puissance rivale qu'il avait vue se lever et qu'il abhorrait. Il s'efforça donc, au minis-

(1) M. Marie. — Notes.

tère de la justice, de réprimer les excès, espérant
assurer, par de sages mesures, l'existence du gouvernement qu'il avait fondé, et il présenta à la
Chambre des lois qu'il avait crues pour toujours
effacées de nos codes. Une nécessité qu'il jugeait
impérieuse, quoique passagère, l'obligeait à faire
courber momentanément devant les menaces de la
réalité la logique inflexible de la foi républicaine. Il
le fit avec la loyauté simple d'un honnête homme :

« Nous aussi, quand nous sommes arrivés au gou-
« vernement des affaires, s'écria-t-il en demandant
« que le cautionnement fût rétabli en matière de
« presse, nous aussi nous y sommes venus, per-
« mettez-moi de le dire, avec ces idées plus cheva-
« leresques que solides et vraies, dont nos adver-
« saires se paraient hier à cette tribune.

« Oui, nous avons cru, du moins j'ai cru pour mon
« compte, que la civilisation avait fait d'assez grands
« progrès dans le monde pour que, à son éclatante
« lumière, les esprits se fussent élevés, pour que les
« cœurs se fussent adoucis. — En échange de la
« liberté absolue à laquelle nous avons ouvert la
« plus large porte que jamais elle ait pu désirer,
« nous n'avons trouvé que le travail de l'anarchie,
« niant tout ce qu'on avait honoré, dédaignant tout
« ce qu'on avait respecté, et voulant faire de la
« République je ne sais quelle puissance sans nom

« qui n'aurait pas d'avenir, car elle n'aurait pas de
« tradition dans le passé.

« Quant à moi, je l'avoue en présence de ces faits,
« je ne viens pas soutenir sans doute qu'il faille pour
« toujours, et quelles que soient les circonstances
« dans lesquelles le pays se trouve, recourir aux
« mesures préventives, mais je viens dire à la liberté
« que pour être respectée, il faut qu'elle sache aussi
« respecter ceux qui l'aiment, qu'elle s'incline de-
« vant les droits de tous.

« Non, je ne veux pas que ses excès la compro-
« mettent elle-même, compromettent la République.
« Quand j'ai rêvé la République, je l'ai rêvée grande,
« je l'ai rêvée généreuse. Je la veux, maintenant
« que la réalité a remplacé le rêve, je la veux grande
« et généreuse comme je l'ai rêvée. »

Belles paroles, Messieurs, qui honorent M. Marie
et attestent son indépendance.

La mission de l'Assemblée constituante touchait à sa
fin. Restait à nommer le président de la République.
Un représentant du peuple, que nous nous honorons
de compter parmi les membres de notre ordre, et
auquel la France réservait justement les plus grands
honneurs, fut un des rares hommes qui comprirent
alors l'importance de la décision qui allait être prise
à cet égard par le parlement. Si l'on voulait éviter
des agitations fatales et prévenir des dangers cer-

tains, il fallait enlever cette élection au suffrage universel. Avec un autre de nos confrères qui vient de quitter un des postes les plus élevés de la magistrature, et que nous avons été heureux et fiers de voir revenir dans nos rangs, il proposa donc un amendement célèbre auquel il a attaché son nom, et qui remettait à l'Assemblée la nomination du président. La politique commandait d'adopter cette sage et prévoyante proposition. M. Marie crut que les principes devaient l'emporter sur les appréhensions du moment, et il réclama pour le suffrage universel seul le droit de prononcer.

Le calme revint bientôt, et avec lui les intrigues, les menées, les conspirations reparurent. L'Assemblée législative se montra ouvertement réactionnaire, et, le 2 décembre 1851, la République succombait, assaillie de nuit par quelques politiques ténébreux et résolus.

Le coup d'État ne surprit pas M. Marie. Lorsque le nom de Napoléon était sorti de l'urne, il avait tout de suite pressenti la restauration de l'Empire. Il savait d'ailleurs ce que valait l'homme ; il ne l'avait vu qu'une seule fois, il l'avait jugé. Le futur empereur des Français était alors à la Conciergerie, à la veille d'être traduit devant la Chambre des pairs. M. Marie avait été entraîné par Berryer à prêter son assistance à ce prince, qui, en ce temps-là, s'affirmait républicain socialiste. L'accusé lui avait soumis un projet de discours qu'il voulait lire à ses juges, **et M. Marie** en avait retranché tout ce qui lui semblait révéler le prétendant et dissimuler le républicain. Il avait été bien entendu que le discours serait prononcé tel qu'il venait d'être arrêté. A l'audience, l'accusé, oubliant la parole donnée, avait rétabli dans leur texte toutes les phrases supprimées. Indigné, M. Marie avait voulu quitter immédiatement la barre; les supplications de Berryer seules l'y avaient pu retenir (1).

(1) 13 mars 1860. — « Vingt ans s'étaient écoulés, dit M. Marie, de-
« puis le procès de Boulogne et je n'avais pas reparlé depuis ce temps
« à L. Napoléon. A l'occasion d'une demande en grâce formée par la
« famille d'un accusé que j'avais défendu devant la Cour d'assises de
« Vesoul, il manifesta au prince de Monaco, protecteur de cette famille,
« le désir de m'entendre, et m'indiqua une audience dans son ca-
« binet à neuf heures et demie du matin. Cette audience, très-vivement
« donnée, me fit réfléchir. Politiquement, j'éprouvai de très-grands
« scrupules; mais comme il s'agissait d'un service à rendre à une fa-
« mille malheureuse, à laquelle je portais un grand intérêt, je me dé-
« cidai à accepter l'audience proposée. J'arrivai à l'heure dite au cabi-
« net de l'empereur. Il m'attendait et me reçut avec une grande affabi-
« lité.

« — Il y a bien longtemps que je ne vous ai vu, Monsieur Marie, me
« dit-il, et je suis heureux de vous voir. Veuillez vous asseoir.

« Je m'inclinai. — Immédiatement je lui donnai des explications sur
« l'affaire qui m'amenait auprès de lui.

« Après quoi : — Que faites-vous maintenant?... Et il amena bientôt
« la conversation sur la politique. — Tenez, me dit-il, la République!
« quand j'ai été élu président, j'avais sincèrement la volonté de la
« maintenir. On ne le croit pas. Si on ne m'avait pas fait la guerre, si
« si je n'avais pas eu à lutter contre de rudes ennemis, je l'aurais gar-
« dée, que m'importait! Louis-Philippe en 1830 a été heureux; à son
« avénement il s'est trouvé entouré des hommes les plus distingués du
« pays. — Quoi d'étonnant, Sire! ils avaient tous conspiré avec lui. —

Il prévit donc le sort de la France après le criminel attentat de décembre; il ne se découragea pourtant pas; le principe du suffrage universel demeurait respecté, et ce fut pour lui une consolation et une espérance; la démocratie restait encore debout, même sur les ruines de la République.

« Le 1ᵉʳ décembre 1852, ce qui restait de républi-
« cains en France se retira dans la solitude, le tra-
« vail, la méditation. »

Il y a, Messieurs, comme on l'a dit, des moments où la place d'honneur est au foyer domestique.

M. Marie crut alors renoncer pour toujours à la politique; il reprit sa robe d'avocat, et le voilà se remettant courageusement au travail; le voilà de nouveau mêlé à tous les grands procès de son époque.

Quand nous l'avons connu, nous autres jeunes gens, M. Marie n'était plus l'avocat que vous avez admiré; ses forces trahissaient déjà son courage et l'éloignaient de la barre où l'énergie d'une indomp-

---

« Eh bien, oui; enfin, ils ont pu l'aider et le fortifier. Moi, je ne pou-
« vais pas m'appuyer sur les hommes distingués qui, comme MM. Thiers,
« Molé, hommes distingués assurément, avaient servi la royauté exilée.
« J'aurais désiré me reposer sur les hommes distingués que la Répu-
« blique avait vus surgir, mais le général Cavaignac les avait tous pris.
« Restaient quelques hommes de la République rouge, Ledru-Rollin et
« autres, je n'en voulais pas; j'ai donc été forcé de me rejeter sur des
« doublures. » — Notes.

table volonté ne le ramenait que trop rarement.
C'était plaisir de le voir traverser la salle des Pas-
Perdus, grave, lent, recueillant sur son passage les
marques de la vénération qu'il inspirait à tous. Son
regard avait conservé sa jeunesse, sa décision, sa
franchise. Je me souviens que les derniers arrivés
parmi nous ne le considéraient point d'abord sans
une sorte de crainte respectueuse. Puis, attirés par ce
sourire charmant qui soudain adoucissait la rigueur
de ses traits austères, les plus réservés sentaient
bientôt l'impression première se transformer, se dis-
siper. Sans le connaître, ils aimaient déjà ce vieillard, et, sympathiques, curieux, ils couraient l'entendre.

Vous nous disiez, Messieurs, que ce n'était plus
M. Marie; c'était encore le grand avocat. Cette
façon de prendre possession de la barre, ce geste
sobre, majestueux, ce langage élevé, presque pom-
peux, cette voix grêle, agréable cependant, aver-
tissaient aussitôt que celui qu'on allait écouter était
un maître. Le talent de M. Marie avait conservé
quelque chose de cette éloquence un peu déclama-
toire qui sous la Restauration était jugée seule digne
de la tribune et de la barre. Il recherchait volontiers
les images, les allusions, les allégories, et quand il
ne nous donnait pas toutes ces choses en un bon et
pur français, il les faisait offrir en un bon et pur
latin par les vieux auteurs. Il convient d'ajouter que
son inspiration se dégagea vite de ses souvenirs

et de ses respects classiques. Son langage, en ses exordes surtout, semblait encore parfois alourdi par les préoccupations d'un art trop scrupuleux ; mais lorsqu'il discutait, combattait, réfutait, il prenait la rapidité, la netteté de la parole de l'homme plus désireux de conclure, d'agir, que de bien parler.

S'il fut un orateur, M. Marie fut aussi un homme d'affaires consommé. Mais, comme tous les esprits distingués, il ne consentit jamais à ne voir dans les affaires que leur petit côté. Comme il avait le goût de la philosophie, il excellait au contraire à découvrir l'idée générale que comporte toute chose, où la passion, les intérêts, l'action humaine sont en jeu, et cé'tait toujours dans de hautes considérations qu'il trouvait ses arguments les meilleurs et les plus solides. De là ce caractère de grandeur que revêt la sévère mais vivante parole de M. Marie.

Ce qui frappait encore plus que le talent de M. Marie, c'était la foi avec laquelle il faisait son œuvre, et, s'il n'a pas su toujours convertir les juges à sa cause, je répondrais que pas un eût pu nier qu'elle n'eût été honnêtement et dignement défendue.

J'affirme que le Tribunal partagea son indignation lorsque dans la triste affaire de Clairvaux, après avoir recherché les causes de l'effroyable mortalité qui avait décimé la prison, il s'écria, repoussant les témoignages qui semblaient attribuer ces malheurs à la négligence des entrepreneurs qu'il défendait :

« Mon Dieu ! voilà des hommes qui meurent par
« centaines, là, sous les yeux des sœurs et des aumô-
« niers, et pas une voix qui s'élève et qui crie : On les
« tue, on les assassine, on les fait mourir de froid et
« de faim ! Non, chacun craint pour sa place ; c'est
« odieux, et j'aime mieux croire au mensonge chez
« ces hommes de Dieu, chez ces femmes qui s'ap-
« pellent des sœurs de charité. »

Je suis certain aussi qu'un grand personnage, re-
fusant à sa fille une pension alimentaire, n'a pas entendu sans en être troublé, ces paroles de M. Marie :
« Allons, prince, il est temps que sonne l'heure de la
« réconciliation. C'est assez de vingt années d'aban-
« don et d'oubli ; jetez un regard sur votre royale
« opulence, et donnez au moins une obole à l'enfant
« qui vous doit la vie ! »

Je suis enfin convaincu que les magistrats durent
tressaillir lorsque dans le procès des docks Napoléon
M. Marie fit entendre ces amers reproches : « Pour-
« quoi donc quand l'action de mon client aurait
« été plus enchaînée que celle de l'administration,
« aurait-il une responsabilité plus lourde ? Est-ce
« parce que l'affaire a péri, que les ruines se sont
« faites là où on rêvait une institution qui devait
« apporter en France des magnificences dont l'An-
« gleterre est depuis longtemps dotée ? Rêveurs
« découragés, enthousiastes hier jusqu'au délire,
« sachez donc sous le coup de vos illusions perdues,

« sachez donc faire au moins la part des événements
« qui vous emportent, des forces contre lesquelles
« tout votre courage, toute votre intelligence ne sont
« que vanité et néant... L'homme, toujours l'homme !
« Et c'est Dieu qui mène tout en définitive. Mais on
« s'abat sur les malheureux, on applaudit aux heu-
« reux, et pourtant dans ces hautes fortunes dues à
« de hautes entreprises, dont la magnificence brille
« de tout l'éclat du soleil, si on allait au fond des
« choses, on trouverait souvent plus d'abus de con-
« fiance, plus de crimes peut-être qu'on n'en trouve
« dans les affaires réunies d'un malheureux en
« faillite ; mais non, on ne songe pas à cela. »

Ces indignations, ces apostrophes véhémentes
faisaient place quelquefois à des observations pleines
d'une ironie discrète et douce. Oh ! jamais de haine,
jamais de fiel. Même en raillant, M. Marie demeurait
bon. Je ne sais rien de plus vivant que ce tableau des
opulences équivoques. « Cherchez, dit-il, dans les
« archives de ces entreprises où tout se vend, cœur,
« âme, intelligence. Qu'y trouvez-vous ! Des preuves,
« non. Partout le mystère le plus profond. Jamais
« un nom prononcé, jamais une signature donnée ;
« le silence de la tombe. Seulement, par intervalles,
« on aperçoit tout à coup dans un carrosse à quatre
« chevaux un homme qui la veille allait à pied. Il
« logeait dans une mansarde ; il habite maintenant
« un palais. Les palais s'élèvent comme par enchan-
« tement sur notre sol enchanté ; seulement ce ne

« sont plus des génies qui les élèvent d'un coup de
« baguette. La baguette des temps féériques s'est
« transformée en des spéculations honteuses. Éton-
« nés, vous vous écriez : Comment se fait-il que cet
« homme soit en carrosse, qu'il habite un palais ?
« Oh ! dit le bruit public, il s'est enrichi. Où donc?
« On ne sait pas. Comment donc? On n'en sait rien,
« mais il a figuré dans telle entreprise. Est-ce qu'on a
« trouvé dans cette entreprise quelque pièce, quel-
« que document? Rien, rien. Et en effet il n'y a rien,
« que l'obscurité et le silence; de telle sorte qu'à en
« juger par ces néants menteurs qui cachent sous
« leur enveloppe tant de turpitudes, on pourrait
« croire que notre société industrielle est la société
« la plus puritaine et la plus honnête du monde. Il
« n'en est rien, cependant. Du moins, je l'entends
« dire. »

Ces plaidoiries variées dans lesquelles M. Marie a
révélé toutes les ressources de sa puissante nature,
les discussions juridiques approfondies, les questions
spéciales même, les procès de contrefaçons, par
exemple, où il étonne par la souplesse de ses facultés
d'assimilation, pourraient faire croire qu'il était de
ces heureux que la nature a comblés en les dispensant
d'avoir à connaître jamais ni l'effort, ni le travail; et
personne plus que M. Marie n'a travaillé. Il a travaillé beaucoup, il a travaillé toujours, repassant son
œuvre, craignant de ne la pouvoir terminer en temps
utile, et sur la fin de sa vie, inquiet à la veille d'une

importante plaidoirie comme il l'était à ses débuts. Assis dans son cabinet aux meubles sévères et modestes, à côté de sa table chargée de livres, il écrivait sans cesse sur ses genoux; de temps en temps il relevait la tête, et le menton appuyé sur ses mains croisées, il laissait flotter son regard; puis il reprenait la plume, et se remettait au travail; ses notes sont des plaidoiries complètes; tous les détails de la cause s'y trouvent, toutes les objections de l'adversaire y sont prévues et réfutées, pas un texte à citer n'est oublié. Il recommençait deux ou trois fois, toujours mécontent de son œuvre, il l'aurait refaite encore, si l'heure de l'audience n'était venue. Arrivé à la barre, toutes ses craintes disparaissaient, et ses notes si soigneusement élaborées étaient à peine consultées.

C'était l'imminence du danger qui le faisait brave. La timidité, la méfiance de soi l'ont bien souvent arrêté au moment de prendre la parole; il lui fallait le sentiment d'un grand devoir à accomplir pour le décider tout à fait. S'il avait la crainte de la barre, il avait la terreur de la tribune, et il ne faut pas chercher ailleurs la raison du silence presque absolu qu'il garda au Corps législatif. Que de discours, Messieurs, préparés par M. Marie, n'ont pas été prononcés ! De toutes les questions discutées il n'en est pas une qu'il n'ait étudiée, méditée, sur laquelle il n'ait consigné par écrit ses réflexions. Il partait pour la Chambre décidé à y faire entendre ses avis, mais arrivé, il imaginait des excuses; la question était épuisée, il se sentait fatigué, et il revenait chez lui un peu mécontent de lui-même, se promettant d'être plus résolu — une autre fois. C'est, Messieurs, la seule faiblesse que nous trouvions chez M. Marie ; et est-ce donc une faiblesse?

Une grande joie, suivie d'une grande douleur, devait encore marquer la fin de cette existence.

M. Marie assista au réveil de son parti, et fut chargé en 1863 de représenter avec Berryer et M. Thiers la ville de Marseille au Corps législatif.

Cet honneur lui fit oublier bien des tristesses, il n'avait jamais mis en doute le triomphe de sa cause, mais il n'espérait plus y assister. Sa joie fut de courte durée. Il frémit lorsqu'il put voir les fruits du gouvernement personnel, et il comprit quel avenir faisait à la France la politique de l'Empire. Le sort de l'Autriche le fit trembler pour notre pays ; jusqu'à ses derniers jours il suivit avec épouvante les progrès de cette unité allemande qu'il avait devinée dès la bataille de Sadowa. « Je vois, disait-il, une grande mo-
« narchie devenue de premier ordre par ses con-
« quêtes, et au-dessous d'elle des États en vasselage,
« dont le roi de Prusse est suzerain, espèce de féoda-
« lité nouvelle dont la destinée inévitable est de se

« fondre tôt ou tard, comme toutes les féodalités,
« dans une monarchie militaire.

« On dit bien que l'Empire a rendu à notre pays sa
« prépondérance militaire; on verra, plus tard, je le
« crains, quelle en est la valeur. Pour moi, je suis
« tenté de dire que le gouvernement n'aura fait en
« cela rien de durable (1). » (2)

Mais ce qu'alors il redoutait encore plus que les
éventualités de la guerre, c'était les progrès de la dé-

(1) M. Marie. — Notes.

(2) L'ère libérale que le gouvernement sembla inaugurer ne put satis-
faire M. Marie.

« Au commencement de cette année, dit-il, une première évolution
« considérable, j'en conviens, s'est accomplie.

« Le pouvoir personnel a abdiqué; le gouvernement parlementaire
« paraît avoir repris racine. Sous les auspices d'un ministère nouveau
« les idoles qu'avait, avec tant de soin et d'amour, élevées le second Em-
« pire, ont fait place aux anciennes idoles, naguère encore si vilipendées.

« Chose plus admirable! Les hommes de l'ancienne majorité, si
« ardents avec M. Rouher contre le parlementarisme, n'ont pas changé;
« mais leurs opinions ne sont plus les mêmes, et ils marchent sous la
« bannière du nouveau ministère, comme ils marchaient sous les
« ordres de l'ancien.

« Bien mieux, tous les vieux parlementaires, tous ces hommes des
« vieux partis si vertement attaqués hier, et qui, en retour, lançaient
« contre le jeune Empire leurs sarcasmes si violents et si applaudis, se
« rallient et s'inclinent soumis et applaudissant à leur tour; comme
« si des restaurations soudaines avaient ramené de l'exil leurs espé-
« rances, leurs affections, leurs cultes.

« L'horizon impérial semble daigner s'ouvrir à leurs ambitions fati-
« guées d'attendre. Cela suffit à leur fidélité de vingt années.

« Soit! La France n'a pas grand chose à voir à ces misères. Ce qui
« importe, c'est de savoir si, oui ou non, nous sortons de la violence
« pour rentrer dans le droit. »

magogie; et je rencontre ces mots qui aujourd'hui se trouvent avoir été une lugubre prophétie : « Ces « hommes qui poussent à la guerre sociale, ce sont « les mêmes qui organisent les ligues de la paix. Ils « appellent avec éclat les peuples à une fraternelle et « universelle fédération et soufflent parmi eux cet « esprit de discorde et de haines, d'où doivent fata- « lement sortir d'implacables combats; en telle sorte « que si on les croyait, bientôt l'incendie allumé au « sein de chaque nation éclairerait de ses lueurs le « grand avénement de la fraternité humanitaire « qu'ils promettaient à l'avenir (1). »

Jamais, Messieurs, vous le savez, M. Marie n'avait transigé avec sa conscience; il crut donc de son de- voir de combattre ces théories fatales lors des élec- tions de 1869; il refusa fièrement de se courber de- vant le mandat impératif, que les électeurs voulaient lui imposer; et, dans les réunions publiques il soutint ses vieilles croyances avec une une fermeté qui dé- concerta ses ennemis mêmes. Il succomba. Il ne s'émut pas de son échec; l'avenir de la démocratie l'inquiétait trop pour qu'il pût songer à son ambition personnelle. Mais il revenait mortellement frappé d'un mot brutal qu'on lui avait jeté à la face. « Vous êtes trop vieux, » lui avait-on crié. « Trop vieux! « avait-il répondu, j'ai des rides au visage, oui, mais « regardez au cœur, je n'en ai pas encore. »

____

(1) M. Marie. — Notes.

Ce mot, il ne l'oublia pas, il se le rappelait à son lit de mort. Trop vieux! Cet insulteur avait-il dit la vérité? Désormais sa mission était-elle remplie, et allait-il être condamné à une inaction qui le tuerait? Maintes fois il essaya de chasser cette pensée qui l'obsédait; elle reparaissait toujours; ses heures de repos, ses joies étaient sans cesse troublées par ce mot cruel : Trop vieux. Un instant il reprit espoir; on célébrait sa cinquantaine. Le barreau était venu là avec un naturel empressement, et les chefs de la magistrature avaient tenu à honneur d'y assister comme à une fête de famille.

Qui aurait jamais pensé, Messieurs, que l'illustre vieillard qui ce soir-là sortait de la salle du banquet appuyé sur le bras du Premier Président, était ce même avocat, dont un autre Premier Président avait cru pouvoir critiquer jadis avec une légèreté aussi puérile qu'injustifiable les convictions et les devoirs politiques ? M. Marie se figura que « cette belle journée versait en lui la sève ardente et généreuse d'une nouvelle jeunesse. » Mais peu après, à la barre même, ses forces l'abandonnaient, et il devait la déserter à jamais.

Il était à sa campagne de Saint-Georges, quand les premières atteintes de la maladie qui allait l'emporter se firent sentir. La science reconnut immédiatement son impuissance; et ce fut à celle dont la touchante fidélité avait embelli les dernières années de M. Marie, et qui devait alors par ses soins pieux adoucir ses dernières douleurs, ce fut à cette jeune femme digne de lui, ce fut à sa fille que l'arrêt fatal fut annoncé. M. Marie lui-même ne se fit pas d'illusions ; il voulut revenir mourir dans cette demeure où était morte sa femme, et à peine arrivé il se prépara à la mort avec une sérénité admirable. Il fit ses adieux à tous les siens qu'il avait réunis, conservant devant l'éternité toute sa grandeur, tout son calme. « Je meurs, dit-il, « en philosophe, je crois à Dieu et à l'immortalité de « l'âme. »

Le 27 avril 1870, M. Marie n'était plus ; les paroles qu'il avait jetées sur la tombe d'Armand Marrast, ne pourrions-nous pas les répéter en parlant de lui ?

« Ce que je sais bien, c'est qu'il avait dans le cœur « des convictions trop fortes, pour qu'il ne se mêlât « pas à sa douleur même un rayon d'espérance ; et « l'espérance dans l'âme de celui pour qui l'éternité « commence, c'est la réalité même ; ce n'est pas « assez pour vivre heureux et confiant, c'est assez « pour mourir tranquille et consolé. »

Je vous ai montré, Messieurs, l'homme politique, l'avocat, permettez-moi, avant de m'asseoir, de vous dire en quelques mots ce que fut l'homme.

Il serait difficile d'imaginer une nature plus délicate, meilleure. M. Marie exerçait sur tous ceux qui l'entouraient un irrésistible attrait. Tous appréciaient le charme de son commerce, et vantaient l'exquise affa-

bilité de ses façons. Il eut l'heureuse et difficile fortune
de vivre à une époque où les illustrations ne se comp·
taient pas. Son nom cependant sortit de la foule, et
l'historien qui, en citant Berryer, Bethmont,Philippe
Dupin, Michel de Bourges, oublierait celui de Marie,
serait sans excuse comme sans justice. Oui ! parmi
ces sommités, M. Marie se fit une place, une digne
place que l'avenir lui consacrera.

Durant la législature de 1863 à 1869, son équité
naturelle, son impartialité le désignèrent au choix de
ses collègues pour présider les réunions privées de
la gauche républicaine. Son tact, sa courtoisie surent
faire d'un conciliabule politique une causerie amicale,
où les plus graves questions étaient traitées, les plus
difficiles problèmes abordés, sans que jamais la passion et la violence vinssent aigrir les débats de la petite
assemblée.

Mais c'était encore au Palais, dans ce Palais qu'il
aimait tant, que les charmantes qualités de M. Marie
se montraient le plus complétement. Rien ne saurait
rendre la grâce de la familiarité paternelle (1), presque

(1) M. Marie aimait beaucoup les jeunes gens. Comme il le disait en
1854 au banquet des anciens élèves du collége d'Auxerre :

« Quand le cœur se refroidit, à quel foyer le réchauffera-t-on, si ce
« n'est au foyer toujours ardent de la jeunesse ?

« Où trouver l'harmonie sinon dans les merveilleux accords que
« donne l'association des différents âges de la vie.

« Et que notre raison, amis, n'attiédisse pas vos ardeurs !

« Vous aimez à chanter, chantez à pleines voix ; nous chevroterons
« vos refrains, et, pour nous, ce cera chanter encore.

tendre avec laquelle il entretenait ses jeunes confrères des devoirs de leur profession, dans ces réunions de colonnes qu'il était si jaloux de présider. Il lui semblait alors qu'il retournait vers son passé, et il s'abandonnait au milieu de nous à ses vieux souvenirs, joyeusement, doucement, comme un homme qui peut regarder en arrière, compter une à une toutes les heures d'une belle existence, et les vieux jours venus se dire : Voilà comme j'ai fait, et c'est ainsi qu'il fallait faire.

En disparaissant, M. Marie nous laisse l'exemple d'une vertu simple et droite, et nous aussi, en nous souvenant, nous pourrons dire : Voilà comme il a fait, c'est ainsi qu'il faut faire.

M. Marie ne s'isola pas cependant dans ses travaux, et sa curieuse nature le porta à connaitre, à rechercher les émotions de l'art et toutes les jouissances profondes de la pensée. Souvent en revenant du Palais, il entrait au Louvre et restait de longues heures en admiration devant les chefs-d'œuvre de la statuaire antique. Il aimait aussi passionnément la musique, surtout la musique classique, et il suivait avec émotion dans le pur azur où elle s'élève, la suave inspiration du génie de Mozart et de Beethoven.

« Vous avez des ailes, volez au plaisir; nous vous suivrons la canne
« à la main et pas bien loin peut-être, mais assez cependant pour ren-
« contrer, du moins, quelque souvenir; et le souvenir, c'est encore
« la vie. »

Telle est, Messieurs, la vie de cet honnête homme, de ce républicain, de ce vaillant citoyen ! Elle peut se résumer en ces trois mots : Honneur, fidélité, patrie.

Une voix qui vous est chère, vous disait, il y a quinze jours : « Il semblait que ce fût un vieux Romain « des beaux temps de Rome, — un sénateur et non « un tribun, — envoyé par les dieux pour nous faire « aimer la République. »

On ne saurait rendre un plus noble hommage à cette noble mémoire; et après vous avoir rappelé les paroles de notre bâtonnier, je sens que ma tâche à moi est terminée.

Je vous ai retracé les diverses phases de la carrière de M. Marie. Je vous l'ai dit en commençant, c'est à leurs actions qu'on juge les hommes de bien ; et le sentiment de ma faiblesse comme celui de l'importance de mon sujet m'ont tout naturellement conduit à me dérober autant que je l'ai pu derrière l'ombre protectrice du Maître que le barreau pleure encore, et dont la place restera longtemps vide parmi nous.

Tout en le pleurant, je ne sais, Messieurs, si nous devons plaindre M. Marie d'être mort assez tôt pour ne point voir le spectacle douloureux de nos désastres,

de nos hontes. Comme Cicéron le disait de Crassus :
« *Ii tamen rempublicam casus secuti sunt, ut mihi*
« *non erepta L. Crasso a Diis immortalibus vita, sed*
« *donata mors esse videatur.* »

De quelle angoisse n'eût point été serré ce cœur
républicain, ce cœur français, devant tant de deuils !
Ne vaut-il pas mieux dire en songeant à ces deux
dernières années : Heureux ceux qui ne les ont
pas connues !

Je me plais à croire, cependant, que le malheur
n'eût pas atteint la fermeté de cette belle âme. Non,
en dépit des barbares et des bandits, M. Marie n'aurait pas désespéré de la France, de la liberté !

Nous l'aurions retrouvé parmi nous triste, mais
non découragé, il nous aurait dit de sa voix respectée nos devoirs nouveaux. En écoutant ses
austères enseignements, nous-mêmes serions deve-
nus plus forts, et soutenus par son exemple, nous
aurions regardé l'avenir comme il convient, sans
forfanterie et sans faiblesse, espérant la victoire mais
la sachant difficile, et à cause de cela, rassemblant
toutes les énergies de nos cœurs, nous préparant
pour le salut de la patrie aux grands efforts, aux
luttes suprèmes.

15887   PARIS. — TYPOGRAPHIE RENOU ET MAULDE, RUE DE RIVOLI, 144.